Verkleiden & Spielen

Coole Kostüme für Kids

christophorus

Inhalt

Vorhang auf und Bühne frei!

In diesem farbenfrohen Näh- und Bastelbuch findest du jede Menge Ideen, dir ein tolles Kostüm anzufertigen. Was wolltest du schon immer einmal sein? Ein unerschrockener Pirat, der nach verborgenem Gold sucht? Oder vielleicht eine wunderschöne Prinzessin, der man einfach jeden Wunsch von den Augen ablesen muss? Vielleicht wolltest du immer schon ein Roboter sein? Oder ein gefährlicher Hai? Kein Problem! Ausgestattet mit Verpackungskartons, bunten Stoffen, Schere und Kleber kannst du dich im Handumdrehen in deine Lieblingsfigur verwandeln. Du kannst alles selbst machen – sogar die passende Schminke für dein Kostüm oder die Eintrittskarte für dein Theaterstück! Und das Beste daran ist: Die meisten Materialien hast du bestimmt schon zu Hause. Du musst dich nur auf „Schatzsuche" begeben und wirst staunen, aus welchen Alltagsgegenständen du die coolsten Verkleidungen basteln kannst.

Viel Spaß beim Basteln und Verkleiden!

Danksagung

Ohne die Hilfe vieler netter Freunde und Bekannter hätte ich das Verkleidungsbuch nie von der ersten Idee bis zum fertigen Buch umsetzen können. Ganz herzlich möchte ich mich bei meinem Freund Martin bedanken, der mit lustigen Ideen und jeder Menge Toleranz über Wochen in einem kleinen Kinderzimmer zwischen Bergen von Stoffen und Pappmaschee gewohnt hat. Ganz besonders viel Spaß hat auch die Arbeit mit meinen kleinen Models Alina, Melina, Jan-Luca und Jonas gemacht.

Kartonkostüm GRUNDMODELL

Vielleicht gibt es irgendwo in eurem Haus noch ein paar alte Umzugskartons, die keiner mehr braucht. Oder ihr habt eine neue Waschmaschine bekommen – und jetzt steht eine riesige Kiste in der Wohnung. Schnapp sie dir! Denn aus einem solchen Karton kannst du die schönsten Kostüme basteln.

Und so wird's gemacht:

1 Schnapp dir einen großen Verpackungskarton oder einen Umzugskarton. Achte darauf, dass dir der Karton vom Hals bis zu den Beinen reicht. Zuerst zeichnest du die Löcher für deine Arme auf; als Schablone nimmst du dafür eine CD; frag deine Eltern aber vorher, welche du benutzen darfst. Zeichne jetzt auf der langen schmalen Kartonseite – etwa 10 cm von der oberen Kante entfernt – einmal um die CD herum. Zeichne den gleichen Kreis auch auf der gegenüberliegenden Seite des Kartons auf.

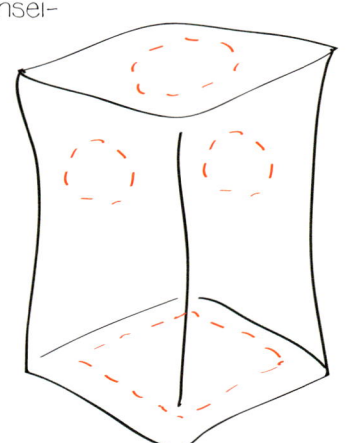

2 Als Nächstes schneidest du mit einem Cutter oder einer Schere die beiden Kreise ganz vorsichtig aus. Wenn du noch nie mit einem Cutter gearbeitet hast oder dir unsicher bist, frag deine Eltern, ob sie dir helfen.

3 Jetzt schneidest du das Loch für den Kopf zurecht: Dafür nimmst du einen großen Teller als Schablone. Leg den Teller mittig auf die kurze breite Seite des Kartons und zeichne einmal um den Teller herum. Achte darauf, dass du den Kreis auf die Seite malst, die in der Nähe der Armlöcher liegt. Schneide den Kreis aus oder lass dir wieder dabei helfen.

4 Nun willst du bestimmt in den Karton hinein. Aber wie? Ganz einfach: Schneide auf der dem Loch (für den Kopf) gegenüberliegenden Seite einmal eng an der Kante der Kartonseite ein Loch hinein; das Loch sollte so groß sein, dass du gut hindurchpasst.

- Umzugskarton oder einen großen Verpackungskarton (z. B. von einer Waschmaschine)
- Bleistift
- CD
- Teller
- Schere oder Cutter

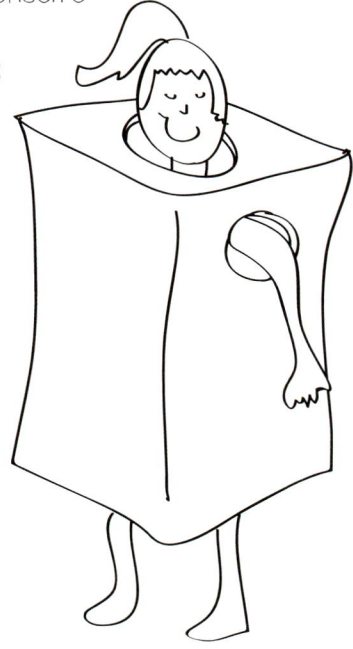

7

Popcorntüte

Wärst du gerne mal eine süße Nascherei? Zum Beispiel eine Popcorntüte? Kein Problem! Du kannst sogar eine XXL-Tüte basteln: bis oben hin gefüllt mit – dir!

Du brauchst:

- Umzugskarton oder einen großen Verpackungskarton
- Tapete in Rot-Weiß gestreift
- dicke Pappe, z. B. Verpackungskartonrest
- Servietten in Weiß
- Haarreif
- Bleistift
- Bastelfarben in Weiß und eventuell Rot
- Bastelkleber
- Heißkleber
- CD und Teller (als Schablone)
- Pinsel
- Schere oder Cutter

Und so wird's gemacht:

1 Schneide zuerst die Löcher für Arme, Kopf und Körper in den Karton (Anleitung Seite 6/7). Dann beklebst du den Karton mit der rot-weiß gestreiften Tapete; dabei kannst du an der oberen Kartonkante eine Welle legen. Das wäre dann die Kante der Popcorntüte. Achte auch darauf, dass du die Löcher des Kartons nicht aus Versehen mit der Tapete überklebst. Falls das doch passiert, dann schneide ganz einfach die Löcher noch einmal mit einer Schere oder einem Cutter nach. Aber sei vorsichtig, denn die Klingen sind scharf.

2 Falls du keine passende Tapete findest, kannst du die Streifen auch mit roter und weißer Bastelfarbe auf den Karton malen. Lass anschließend die Farbe gut trocknen.

3 Nun schneidest du ein Oval aus der dicken Pappe als Schild zu und beschriftest es mit den Worten „Popcorn". Anschließend klebst du es mittig auf die Vorderseite deiner Popcorntüte, am besten mit Heißkleber. Lass dir dabei von einem Erwachsenen helfen.

4 Was wäre eine Popcorntüte ohne ihren leckeren Inhalt? Die einzelnen Popcornstücke entstehen aus weißen Servietten: Knüll sie einfach zu Kugeln zusammen und kleb sie anschließend mit Bastelkleber überall an deine Popcorntüte. Und zum Schluss beklebst du auch noch einen Haarreif mit einer zerknüllten Serviette!

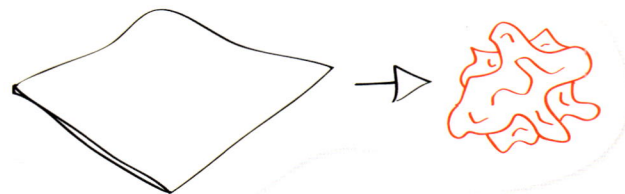

Jetzt musst du dich in Acht nehmen, um nicht angeknabbert zu werden! Denn jeder liebt Popcorn!

Roboter

Intelligente Roboter, die ihren eigenen Willen haben, gibt es noch nicht? Von wegen, denn mit einem coolen Roboterkostüm kannst du heute schon allen zeigen, wie die Zukunft aussehen wird. Und das Beste ist: Du brauchst keine Kabel oder Computer für dieses futuristische und coole Kostüm! Alles, was du dafür brauchst, findest du in eurer Wohnung.

Du brauchst:

- Umzugskarton oder einen großen Verpackungskarton
- Toilettenpapierrolle (leer)
- Cremedose (leer)
- Filzrest
- Nähgarn
- große Fertigzahl aus Holz
- CD oder dicke Pappe
- Flaschendeckel
- Einkaufstüte aus Plastik
- Alufolie
- Bleistift
- Bastelfarbe in Weiß
- Klebeband in Schwarz
- Bastelkleber
- Sprühkleber
- CD und Teller (als Schablone)
- Pinsel
- Schere oder Cutter
- Nähmaschine

Und so wird's gemacht:

1 Schneide zuerst die Löcher für Arme, Kopf und Körper in den großen Karton (Anleitung Seite 6/7). Wenn du magst, kannst du den Karton mit schwarzen Klebebandstreifen verzieren.

2 Als Nächstes sammelst du in eurer Wohnung alles ein, was für die Anfertigung der „Messinstrumente" und „Steuerungsknöpfe" deines Roboters nützlich sein

könnte: eine leere Toilettenpapierrolle, eine CD oder runde Pappteile, eine leere Cremedose und Flaschendeckel. Diese Materialien kannst du wie auf dem Foto oder nach deinen eigenen Vorstellungen mit Bastelkleber auf dem Karton befestigen. Aus einem Filzrest kannst du noch einen Pfeil für eine „Ölanzeige" zuschneiden. Die Instrumente kannst du mit weißer Farbe umranden. Auch eine riesige Zahl aus Holz kannst du befestigen.

3 Dann fertigst du Alufolien-Manschetten für deine Arme und Beine an. Hierfür musst du zuerst bei einer Einkaufstüte den Boden herausschneiden und die Tüte dann einmal senkrecht aufschneiden.

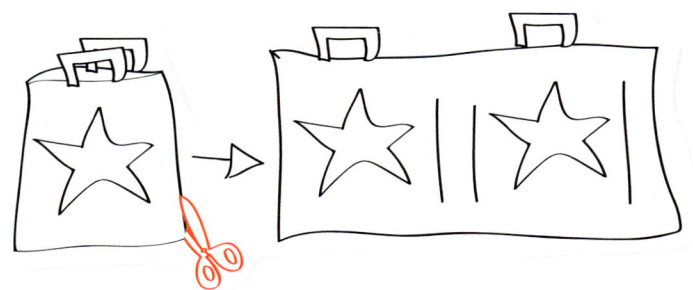

4 Jetzt schneidest du einen Streifen Alufolie zu, der genau so lang ist wie die aufgeschnittene Tüte. Sprüh den Streifen mit Kleber ein und drück ihn auf die aufgeschnittene Tüte.

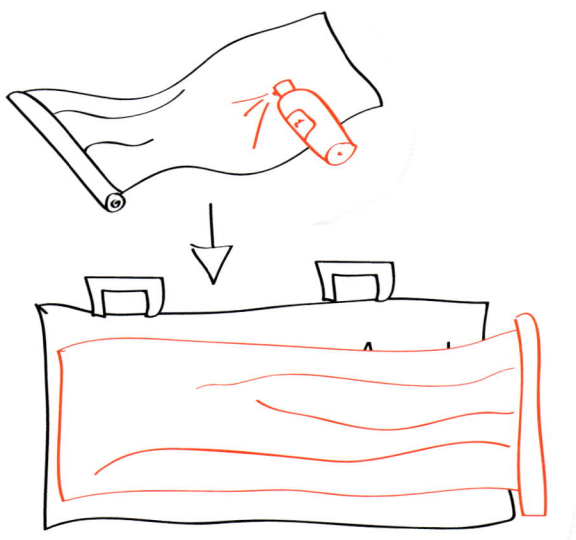

5 Wenn alles fest miteinander verklebt ist, schneidest du aus diesem Material acht Rechtecke, die etwa 30 x 35 cm groß sind.

6 Leg jeweils zwei dieser Rechtecke mit den Alufolienseiten nach außen aufeinander und näh sie an den langen Seiten zusammen. So entsteht ein Tunnel, durch den jeweils deine Arme und Beine passen. Tada, fertig sind deine Roboter-Manschetten.

7 Natürlich braucht ein cooler Roboter auch noch eine Antenne, mit der er Funksprüche empfangen kann. Nimm dir dafür einfach eine Rolle Alufolie und wickle die Folie zwei- bis dreimal um deinen Kopf herum; reiß die Folie von der Rolle ab und dreh sie so über deinem Kopf zusammen, dass sie fest anliegt. Fertig!

TiPP: Wenn du willst, kannst du den Karton auch noch bunt bemalen.

Baustein-Figur

So ein großer Karton ist die Grundlage für viele Kostüme. Wie wäre es zum Beispiel, wenn du dich in einen riesigen Baustein verwandelst? Du glaubst, das geht nicht? Klar doch – und es ist so einfach!

Du brauchst:

- Umzugskarton oder einen großen Verpackungskarton
- dicke Pappe, z. B. Verpackungskartonrest
- dünne Pappe (oder Tonkarton), ca. 30 x 70 cm
- 6 Plastikbecher
- Cremedose (leer)
- Bleistift
- Bastelfarben
- Bastelkleber
- Heißkleber
- CD und Teller (als Schablone)
- Pinsel
- Cutter oder Schere

Und so wird's gemacht:

1 Schneide zuerst die Löcher für Arme, Kopf und Körper in den Karton (Anleitung Seite 6/7). Leg den Karton mit der Vorderseite nach oben auf den Boden.

2 Schnapp dir die Heißklebepistole und befestige damit die Plastikbecher so auf der Vorderseite, dass der Karton wie ein großer Baustein aussieht. Lass dir dabei von einem Erwachsenen helfen. Anschließend malst du den Karton mit einer Farbe an; such dir eine schöne Farbe aus!

3 Jetzt bastelst du einen coolen Kopf: Aus einem großen, dicken Stück Pappe schneidest du zwei Kreise mit einem Durchmesser von etwa 30 cm heraus. Aus einem der beiden Kreise schneidest du dann eine Art Hufeisen zu, damit der Kopf nachher auf deinen Schultern liegen kann.

4 Als Nächstes schneidest du die dünne Pappe zu; sie sollte etwa 25 cm breit sein und so lang, dass sie von einer Spitze des Papphufeisens bis zur anderen reicht. Zeichne jetzt die Schlitze für Augen und Mund genau in die Mitte der dünnen Pappe und schneide sie aus. Achte darauf, dass die Augen einen genügend großen Abstand zueinander haben, damit du später alles siehst.

5 Jetzt klebst du den vorbereiteten Streifen – so wie auf der Zeichnung zu sehen – an die Kante des Pappkreises und des Papphufeisens. Achte drauf, dass du den Streifen auf die richtige Seite klebst und nicht die Öffnung des Hufeisens aus Versehen verschließt.

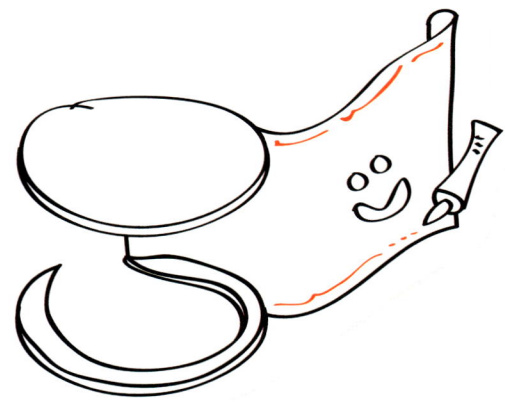

6 Nun fehlt nur noch der typische „Knubbel" auf dem Kopf. Nimm dafür ganz einfach eine leere Cremedose und kleb sie mittig auf die Oberseite des Kopfes.

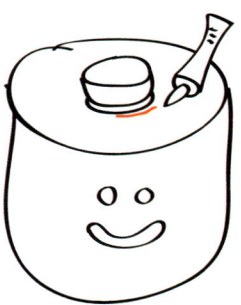

7 Zuletzt bemalst du den Kopf noch farbig und lässt die Farbe gut trocknen – und dann ist dein Kostüm auch schon fertig!

TiPP: Wenn es ganz schnell gehen soll, kannst du die Kartons ratzfatz mit Sprühfarbe „anmalen". Bitte frag aber deine Eltern, wo die Kartons am besten angesprüht werden können, und verwende auf jeden Fall eine Sprühmaske.

Fantasievogel

Du bist ein Paradiesvogel und machst meistens nur das, wozu du Lust hast. Jetzt zeige ich dir, wie aus dir wirklich ein bunter Vogel wird, dem man schon beim bloßen Anblick die pure Lebenslust ansehen kann. Hier ist die Anleitung zum bunten Flattermannkostüm!

Du brauchst:

- Stoffreste in verschiedenen Farben
- altes T-Shirt
- Federboa
- Putzhandschuhe in Gelb
- Füllwatte
- Nähgarn
- Haarklammern
- Bleistift
- Heißkleber
- Schere
- Zickzackschere für Stoff
- Stecknadeln
- Nähmaschine

Vorlage 1, Seite 56

Und so wird's gemacht:

1 Für den Körper fertigst du zuerst etwa 30 Federschuppen (je nach Größe des T-Shirts) an: Hierfür überträgst du die Schuppenform (Vorlage 1) jeweils auf die Stoffreste und schneidest sie aus.

2 Jetzt schnappst du dir ein altes T-Shirt und nähst die Schuppen einzeln auf (oder frag einen Erwachsenen). Fang am besten am unteren Bündchen an: Leg die Schuppen nebeneinander auf die Vorderseite des T-Shirts und steck sie jeweils mit einer Nadel fest, damit sie nicht aus der Reihe rutschen. Nun nähst du die Schuppen an der oberen Kante in einer durchgehenden Bahn fest.

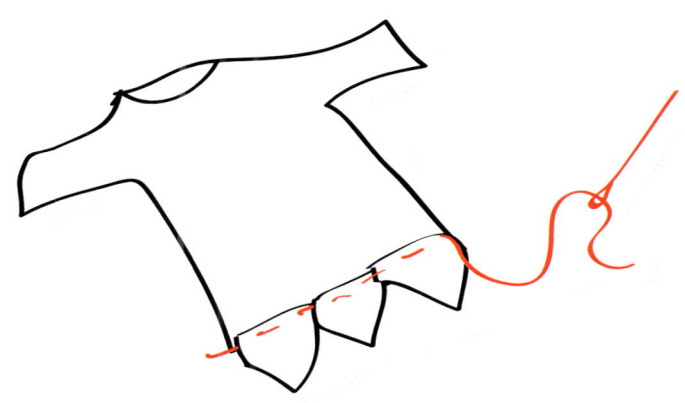

3 Anschließend nähst du die nächste Reihe; achte dabei darauf, dass die Spitzen der Schuppen immer über den Nähten der unteren Schuppen liegen, damit man am Ende möglichst keine Nähte mehr sieht. Fertige eine Bahn nach der anderen, bis du oben an der Brust angekommen bist. Die letzten Schuppen nähst du – ratz-fatz – am Halskragen fest. Fertig!

4 Für den Federkopf nimmst du dir die Federboa und steckst ein Ende in dein Zopfband. Wenn du keinen Zopf hast, klemm das eine Ende mit einer Haarklammer an deinen Hinterkopf. Wickle jetzt die Boa ein paar Mal um deinen Kopf und fixier zum Schluss das Ende ebenfalls mit einer Haarklammer in deinen Haaren. Jetzt siehst du schon wie ein richtiger Vogel aus, aber eine Kleinigkeit fehlt noch!

5 Für die Vogelfüße schneidest du jeweils einen 15 cm langen Schlitz in die Handrücken der gelben Putzhandschuhe. Durch den Schlitz ziehst du nachher den „Vogelfußschuh" an; probier also aus, ob es passt.

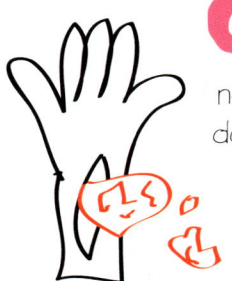

6 Füll dann die Finger des Handschuhs mit Watte aus und leg noch etwas Watte in die Handfläche, dann ist es beim Gehen nachher etwas bequemer.

7 Die Öffnungen der Handschuhe (wo sonst die Finger hineingesteckt werden) verschließt du jeweils mit Heißkleber. Lass dir dabei von einem Erwachsenen helfen. Zum Schluss setzt du noch einen Tropfen Heißkleber auf den Anfang und das Ende der Fußschlitze, damit sie nicht aufreißen, wenn du damit herumläufst.

TIPP: Damit die Stoffreste nicht so schnell ausfransen, benutzt du beim Zuschneiden am besten eine Zickzackschere.

Blauer Pfau

Du brauchst:

- Tüll in Türkisblau
- Stoffreste in Blau, Hellblau
- Bastelfilz in Hellgrün, Braun
- dicke Kordel
- Gummiband, 2 cm breit
- Bleistift
- Stofffarbe in Weiß
- Stoffkleber
- Schere
- Pinsel

Vorlagen 2–5, Seite 56

Ein blauer Pfau sieht wunderschön aus, vor allem wegen der blau leuchtenden „Augen" im Gefieder. Grund genug, ein Kostüm zu basteln, das so schön ist wie das Original.

Und so wird's gemacht:

1 Wickle zuerst für das Federkleid die dicke Kordel um deine Hüfte und verschließ sie fest mit einer Schleife. Schneide den Rest der Kordel ab, aber nicht zu knapp! Lass etwa 30 cm überstehen. Dann nimmst du die Kordel wieder ab und legst sie vor dir hin.

2 Als Nächstes schneidest du aus dem Tüll 25 Streifen zu, die etwa 20 cm breit und 1 m lang sind. Knote die Tüllstreifen alle nebeneinander um die Kordel (nur im mittleren Bereich), teilweise kannst du die Knoten auch übereinandersetzen. Auf diese Weise entsteht dann ein aufgeplustertes Hinterteil.

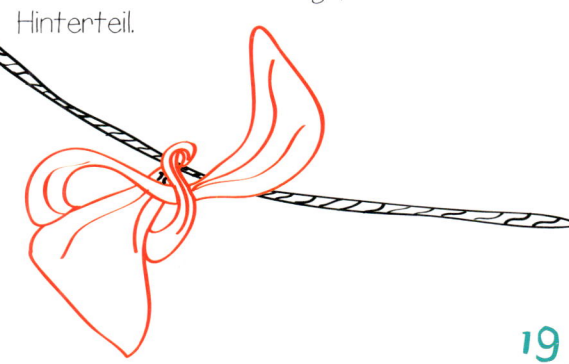

3 Für das Stirnband schneidest du einen 8 cm breiten blauen Stoffstreifen zu, der so lang ist wie dein Kopfumfang plus etwa 5 cm.

4 Aus dem Stoffstreifen nähst du einen Stofftunnel: Leg den Stoff mit der schönen Seite nach oben auf einen Tisch und falte ihn der Länge nach, sodass nun die weniger schöne Seite oben liegt. Die offene Kante nähst du zusammen.

5 Jetzt stülpst du diesen Tunnel um – und die schöne Stoffseite wird wieder sichtbar. Anschließend fädelst du ein breites Gummiband (Länge: Kopfumfang minus 3 cm) hindurch und nähst die Enden des Stoffs und des Gummibands zusammen.

▷ Stoff

▷ Gummi

6 Jetzt fehlen nur noch die tollen Pfauenaugen, die das Federkleid des Vogels so schön aussehen lassen: Übertrag jeweils für ein Auge die Vorlagen 2 bis 5 auf die verschiedenen Stoffe, schneide sie aus und kleb sie in der angegebenen Reihenfolge (siehe Zeichnung) aufeinander. Auf den braunen Stoff kannst du dann noch weiße Streifen malen.

▽ 1.
▷ 2.
▷ 3.
▷ 4.

7 Mit einem Tropfen Stoffkleber kannst du die Augen dann jeweils auf dem Tüll und dem Stirnband fixieren. Wo du sie überall anklebst, kannst du dir aussuchen.

TiPP: Du kannst auch einen bunten Pfau anfertigen. Hierfür brauchst du dann Tüll in verschiedenen Farben. Und auch die Pfauenaugen kannst du aus verschiedenfarbigen Filz- und Stoffresten basteln.

Hexe mit Hut und Besen

Du brauchst:

- Tüll in Gelb:
  - ca. 80 x 80 cm (Rock)
  - ca. 30 x 150 cm (Besen)
  - Reste für Hut
- Stoff mit buntem Muster:
  - ca. 80 x 80 cm (Rock)
  - ca. 30 x 45 cm (Hut)
- Stoffreste
- Kordel
- Gummiband, 2 cm breit
- Packpapier, DIN A3 (29,7 x 42 cm)
- alter Besenstiel
- Metallglöckchen, 1–4 cm Ø
- Bleistift
- Bastelkleber
- Sprühkleber
- Tesafilm
- Maßband
- Stecknadeln
- Schere
- Tacker

Du willst dich als Hexe verkleiden? Kein Problem. Dabei dürfen natürlich ein Hexenhut und ein cooler Hexenbesen nicht fehlen. Mit dem Besen kannst du dann nicht nur zaubern, sondern dich darauf auch in die Lüfte schwingen ...

Und so wird's gemacht:

1 Für den Hexenrock misst du zuerst mit dem Maßband den Umfang deiner Hüfte. Frag deine Eltern, ob sie dir dabei helfen. Leg nun ein großes Stück Stoff und ein großes Stück Tüll – wie auf der Zeichnung zu sehen – versetzt übereinander.

2 Jetzt schneidest du ein Loch in der Größe deines Hüftumfangs plus 3 cm in die Mitte der Stoffe.

3 Anschließend fixierst du ein breites Gummiband (Länge: dein Hüftumfang) vorsichtig mit Stecknadeln direkt auf der Schnittkante der Stoffe und nähst es fest. Fertig! Passend zum Rock ziehst du am besten ein gelbes T-Shirt an!

4 Für den Hexenhut schneidest du ein gemustertes Stoffstück in der Größe DIN A3 (29,7 x 42 cm) zu und klebst es mit Sprühkleber auf einen DIN-A3-Papierbogen.

5 Jetzt drehst du das beklebte Papier zu einer Spitztüte zusammen und fixierst das Papier mit einem Tacker. Achte darauf, dass die große Öffnung nicht zu klein wird, sonst passt später der Hut nicht auf deinen Kopf!

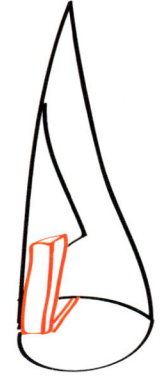

6 Schneide als Nächstes die überstehenden Kanten ab, sodass du die Spitztüte ohne Probleme mit der großen Öffnung auf den Tisch stellen kannst. Außerdem schneidest du von der oberen Spitze etwa 2 cm ab.

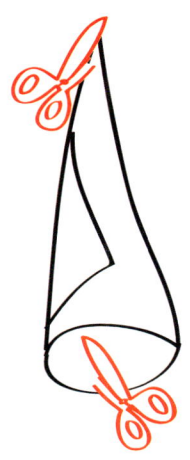

7 Durch das Loch an der Hutspitze steckst du nun so viel Tüll, dass er dort von alleine hält. An die untere Hutkante tackerst du einen Streifen Tüll. Zum Schluss befestigst du noch ein Gummiband am Hut, damit er dir nicht vom Kopf fliegt: Bohr mit der Schere zwei Löcher in den Hut, knote ein Ende an ein Loch, setz den Hut auf, zieh das Band unter deinem Kinn zum anderen Loch und verknote es dort.

8 Für den Hexenbesen kannst einen alten Besenstiel entweder bunt anmalen oder mit buntem Stoff umwickeln und dann mit Stoffkleber fixieren.

9 Schneide aus dem Tüll ein 30 cm breites und 1,50 m langes Stück zu. In eine der langen Seiten schneidest du etwa 5 cm breite Streifen hinein.

10 Nun wickelst du den Tüll – mit der nicht eingeschnittenen Seite – um ein Ende des Besenstiels und fixierst die Enden mit einer dünnen Kordel. Zusätzlich verknotest du noch einen bunten Stoffstreifen um den Stab. Wer mag, kann auch noch Metallglöckchen an den Streifenenden anbringen.

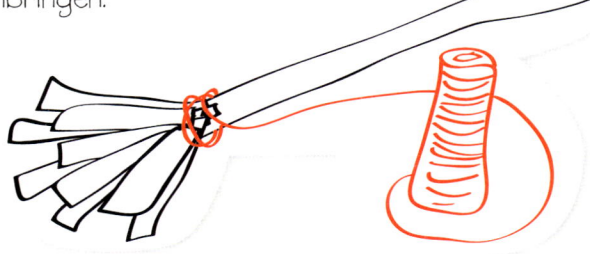

Nahaufnahme

TiPP: Wenn du magst, kannst du auf die einzelnen Stoffstreifen auch noch coole Glitzerperlen aufziehen. So wird dein Besen zu einem richtigen Schmuckstück auf der nächsten Junghexenversammlung!

Prinzessin mit Krone

Du bist etwas ganz Besonderes. Na klar, das erzählen dir deine Eltern und deine Verwandten immer wieder. Und jetzt zeigst du auch allen wieso! Denn aus dir wird eine echte Prinzessin, vor der sich alle verneigen werden!

Du brauchst:

- Jeansstoffstreifen in Pink, ca. 10 cm breit; Länge: Brustumfang
- Jerseystoff, weich:
  - in Pink (Kleid), ca. 70 cm breit; Länge: Brustumfang
  - in verschiedenen Farben (für Kordel), ca. 10 x 60 cm
- Tüll in Pink (Kleid), ca. 70 x 150 cm
- Gummiband, 2 cm breit
- Glitzersteine
- Heißkleber
- Maßband
- Schere

Prinzessinnenkleid

Und so wird's gemacht:

1 Zuerst misst du mit dem Maßband deinen Brustumfang. Frag am besten deine Eltern, ob sie dir dabei helfen. Rechne zu der Zahl, die ihr gemessen habt, 10 cm dazu und schneide einen 10 cm breiten Jeansstoffstreifen in genau dieser Länge zu. Falte diesen langen Jeansstreifen einmal längs in der Mitte, sodass der Streifen nur noch 5 cm breit ist.

2 Schnapp dir den weichen Jerseystoff und schneide ein Stück aus, das so lang ist wie der Jeansstreifen und so breit, dass er von deiner Brust bis zum Boden reicht. Das Gleiche machst du mit dem Tüll. Leg zuerst den Jerseystoff und darüber den Tüll zwischen die Seiten des umgeklappten Jeansstreifens. Dabei legst du den Tüll schuppenartig zwischen den Jeansstreifen, so wirft er später schöne Falten.

Faltenwurf Tüll

3 Nun nähst du den Jeansstreifen mit dem Jersey-stoff und dem Tüll so zusammen, dass ein Stofftunnel entsteht. Wenn du mit der Nähmaschine noch nicht so sicher bist, frag bitte deine Eltern, ob sie dir dabei helfen. Gerade bei diesem Kleid ist es nicht so leicht, mit der Nähmaschine die vier Stofflagen zusammenzunähen.

4 Jetzt brauchst du das Gummiband: Wickle dir das Band einmal stramm um die Brust, aber nicht so fest, dass es unangenehm ist oder dich einschnürt. Zieh von der Länge 3 cm ab und fädle das Band durch den Jeansstreifentunnel. Näh nun die beiden Enden des Gummibandes zusammen (auch hier solltest du deine Eltern fragen, weil das nicht ganz einfach ist). Anschließend kannst du auch den Rest des Kleides, also den Jeanstunnel, den Jerseystoff und den Tüll hinten zusammennähen.

5 Damit dein Kleid später nicht herunterrutschen kann, fertigst du nun eine Kordel an: Schneide hierfür aus dem bunten Jerseystoff drei Streifen, je etwa 2 cm breit und 60 cm lang, zu und flechte sie zu einer langen Kordel zusammen.

6 Unterhalb des Jeanstunnels auf der Vorderseite schneidest du jetzt mittig ein daumendickes Loch und ziehst die doppelt gelegte Kordel so hindurch, wie du es auf der Zeichnung siehst. Jetzt kannst du das Kleid an den zwei Enden der Kordel hochheben.

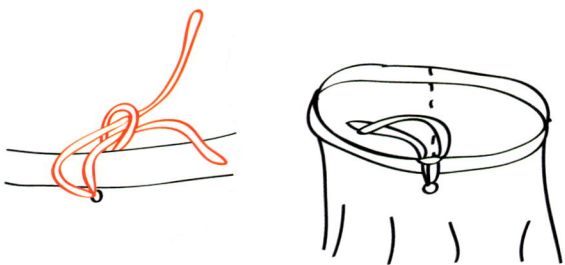

7 Zum Schluss kannst du das Kleid noch mit Glitzer-steinen verzieren; kleb sie am besten mit Heiß-kleber auf (lass dir dabei von einem Erwachsenen helfen).

8 Endlich kannst du dein Kleid anziehen: Schlüpf hinein, zieh es bis zu den Achseln hoch und knote die beiden Enden der geflochtenen Kordel im Nacken zusammen.

Und? Fühlst du dich nicht schon wie eine richtige Adlige, die einen ganzen Hofstaat unter sich hat? Aber Moment! Da fehlt doch noch etwas – oder? Eine richtige Prinzessin braucht doch auch eine eigene Krone! Und hier zeige ich dir, wie du auch die einfach selber machen kannst.

Krone

Und so wird's gemacht:

1 Bieg einen Pfeifenreiniger zu einem Kreis, der um deinen Kopf passt, ohne dass er drückt. Nimm den zweiten Pfeifenreiniger, befestige ein Ende an dem Kreis und forme dann drei Zacken, dabei wickelst du das Drahtstück nach jeder Zacke wieder einmal fest um den Kreis.

2 Aus gemustertem Stoff schneidest du ungefähr 2 cm breite Streifen zu. Keine Angst, du musst keine geraden Linien schneiden: Wenn der Streifen an manchen Stellen breiter oder schmaler ist, macht das nichts.

3 Als Nächstes umwickelst du das Kronengerüst mit den Stoffstreifen: Nimm einen langen Stoffstreifen, knote ihn an einem der äußeren Zacken fest und wickle ihn einmal komplett um den Kreis (auch zwischen den Zacken), bis du wieder an dem Knoten ankommst. Knote den Stoffstreifen hier wieder fest. Auch die Zacken umwickelst du auf diese Weise. Zuletzt befestigst du mit Stoffkleber tolle Glitzersteine auf den Zacken.

Ruf deine Eltern, damit sie dich offiziell zur Prinzessin oder zur Königin des Kinderzimmers krönen können.

TiPP: Nimm für die Zacken einen anderen Stoff als für den Kreis, dann wird die Krone schön bunt.

Fledermaus

Wie heißt das Lieblingstier deines Superhelden? Nein, es ist nicht die Spinne, der andere! Richtig! Die Fledermaus und in genau die kannst du dich jetzt ratzfatz verwandeln. Hier kommt die Anleitung, die dich zum Jäger der Nacht macht. Aber nur, bis deine Eltern sagen, du sollst ins Bett gehen.

Und so wird's gemacht:

1 Leg das T-Shirt so auf den Tisch, dass die Arme ausgestreckt sind, und miss die Länge vom Ärmelende bis hinunter zum unteren Bündchen.

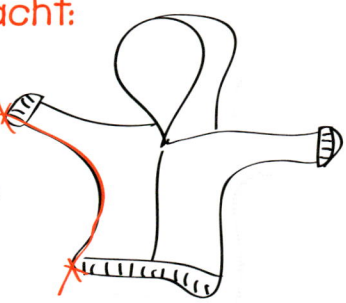

2 Markier dir diese Länge auf dem schwarzen Stoff und mal einen Halbkreis über diesen langen Strich. Schneide dann diesen Halbmond aus dem schwarzen Stoff aus.

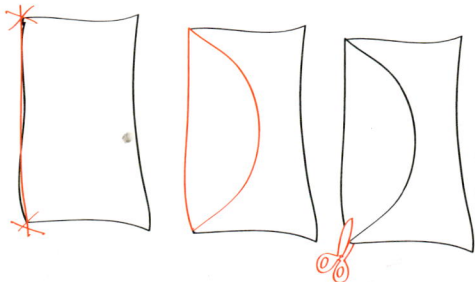

3 Als Nächstes markierst du dir die Zacken der Fledermausflügel auf dem Stoff und schneidest sie aus. Jetzt ist der erste Flügel fertig!

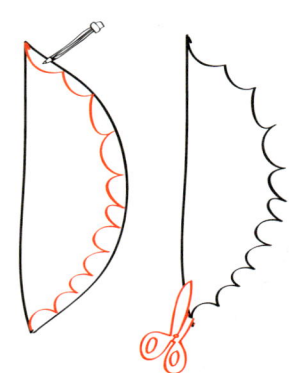

4 Fertige auf die gleiche Weise noch einen zweiten Fledermausflügel an; dafür musst du natürlich nicht neu nachmessen, weil deine Arme ja gleich lang sind.

5 Nun befestigst du die beiden Flügel an deinem T-Shirt: Leg den zackigen Halbmond mit der langen, geraden Seite an die Seite des T-Shirts, die du ausgemessen hast. Näh den Flügel in einer Naht von oben bis unten fest. Das Gleiche wiederholst du auch auf der anderen Seite des T-Shirts. Lass dir beim Nähen eventuell von einem Erwachsenen helfen.

6 Zum Schluss kannst du die Schnittkanten der Flügel noch dünn mit Stoffkleber bestreichen, damit der Stoff nicht so schnell ausfranst.

Du brauchst:

- altes, langärmeliges T-Shirt in Schwarz oder Schwarz-Weiß
- Stoff in Schwarz, ca. 50 x 70 cm (abhängig von der Größe des T-Shirts)
- Nähgarn
- Buntstift in Weiß
- Stoffkleber
- Maßband
- Schere
- Nähmaschine

Gefährlicher HAI

Wer ist das gefährlichste Tier im Meer? Du bist es! Ganz genau, denn ich zeige dir, wie aus dir im Nu ein großer Hai wird, der allen das Fürchten lehrt.

Du brauchst:

- Kapuzenpullover (am besten in Blau)
- Bastelfilz in Weiß, Grau, Schwarz
- Füllwatte
- Filzstift
- Stoffkleber
- Heißkleber
- Schere

Und so wird's gemacht:

1 Such dir einen alten Kapuzenpulli, den du nicht mehr brauchst. Frag aber lieber erst einmal deine Eltern, damit du nicht deinen besten Pulli zu einem Haikostüm umwandelst.

2 Schnapp dir dann den weißen Filz und schneide ganz viele kleine weiße Dreiecke zu – daraus entstehen die spitzen scharfen Zähne des Hais. Anschließend klebst du sie mit Stoffkleber in die Innenseite der Kapuze. Kleb so viele Zähne hinein, bis der Rand der Kapuze ganz ausgefüllt ist.

3 Als Nächstes sind die Augen dran: Schneide einfach folgende Kreise zu: zwei große Kreise aus dem schwarzen Filz, zwei kleinere Kreise aus dem weißen Filz und zum Schluss noch einmal zwei noch kleinere Kreise aus dem schwarzen Filz.

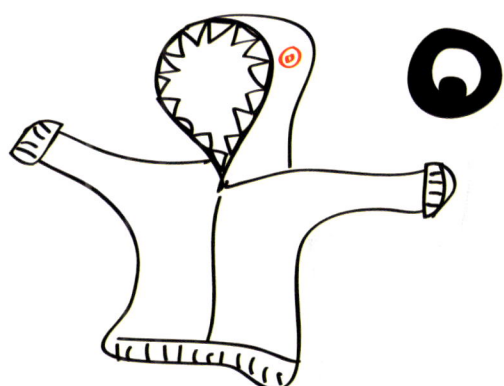

4 Kleb alle Kreise der Größe nach mit dem Stoffkleber so übereinander, wie du es auf der Zeichnung siehst, und befestige mit Stoffkleber jeweils ein Auge auf jeder Seite der Kapuze. Wow! Das riesige Maul des Hais ist fertig und sieht auch schon richtig furchterregend aus.

5 Ein Hai braucht ja auch noch eine **Flosse** auf dem Rücken: Hierfür benötigst du jetzt den grauen Filz. Zeichne zweimal eine dreieckige Rückenflosse auf und schneide diese aus. Näh die obere und untere Seite der Flosse so zusammen, dass eine Art Tüte entsteht (lass dir von deinen Eltern helfen, denn dicken Filz zu nähen, ist nicht einfach).

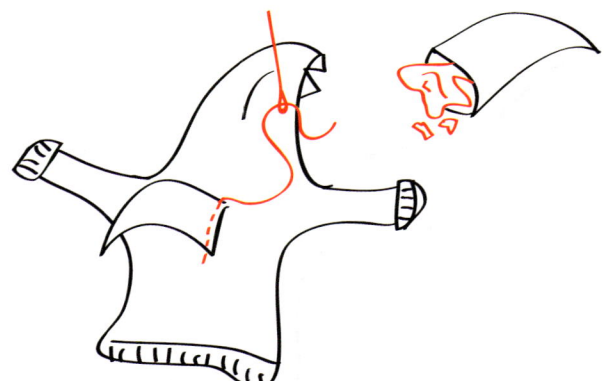

6 Leg durch die noch offene Seite Watte in die Flosse, bis sie prall gefüllt ist. Jetzt kannst du auch die letzte Seite zunähen. Zum Schluss nähst du die fertige Rückenflosse hinten auf deinen Kapuzenpullover, ungefähr im Bereich zwischen deinen Schultern.

TiPP: Wenn du noch furchterregender aussehen willst, kannst du dir das Gesicht blau (bzw. in der Farbe des Kapuzenpullovers) färben. Eine Anleitung, wie du **Schminke** selbst herstellen kannst, findest du auf Seite 48.

Oktopus

Einst waren sie gefürchtete Tiere der Meere, und die Seeleute hatten Angst, dass ihr Schiff von ihnen in die Tiefe gezogen wird. Alles Seemannsgarn! In Wahrheit sind sie eigentlich ziemlich lustige Unterwasserwesen, die ihre Farbe ändern können. Die Rede ist natürlich von Tintenfischen. Und aus dir kann jetzt auch so ein bunter Meeresbewohner werden.

Du brauchst:

- 3 alte Leggins (eventuell mit Streifen-muster)
- Leggins, die noch passt
- bunte Stoffreste
- Stoffrest in Rot (Kopftuch), ca. 35 x 85 cm
- Nähgarn
- Füllwatte
- Bastelfilz in Weiß, Pink, Blau, Schwarz
- Filzstift in Schwarz
- Stoffkleber
- Schere
- Nähmaschine oder Nähnadel

Und so wird's gemacht:

1 Schnapp dir zuerst die alten Leggins, schneide alle Beine unterhalb des Schrittes grade ab und stülpe sie anschließend einmal um. Daraus entstehen die Tentakel.

2 Verschließ nun jeweils eine Seite der abgeschnittenen Stoffbeine mit einem bunten Stoffrest: Näh den Stoffrest mit der Maschine oder per Hand mit einer Näh-nadel einfach gerade davor.

3 Stülp die Beine anschließend wieder richtig herum und füll die Beine mit Watte komplett aus. Falte die Öffnung, in die du die Füllwatte gesteckt hast, zweimal um und näh sie zu.

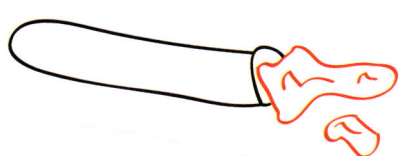

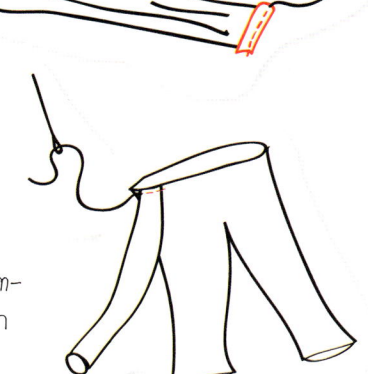

4 Jetzt holst du dir die Leggins, in die du noch hineinpasst, und nähst die sechs Beine als Tentakel mit dem zusammengeklappten Ende an das Bündchen. Nun hast du insgesamt acht Tentakel.

5 Als Nächstes fertigst du die **Saugnäpfe** für die Tentakel an: Schneide aus dem blauen Filz Kreise, die so groß sind wie ein 2-Euro-Stück, und aus dem pinkfarbenen Filz schneidest du Kreise in der Größe eines 50-Cent-Stücks. Dann klebst du immer einen pinkfarbenen auf einen blauen Kreis. Die fertigen Saugnäpfe befestigst du nun mit Stoffkleber auf den Tentakeln.

6 Jetzt fehlt nur noch der **Kopf** des Oktopus: Schneide dafür aus dem roten Stoff ein Dreieck mit einer Seitenlänge von jeweils 40 cm.

7 Nimm dir jetzt den schwarzen und den weißen Filz und bastle dir lustige Augen (siehe Foto). Die fertig gestalteten Augen klebst du auf das rote Tuch. Wenn du magst, kannst du auch noch Wimpern aufmalen.

8 Zum Schluss bindest du dir das rote Dreieck wie ein Piratentuch um den Kopf. Achte dabei darauf, dass die Augen über deiner Stirn zu sehen sind.

Das Training

Muskelprotz mit Gewicht

Du wolltest schon immer wissen, wie es ist, der stärkste Mensch der Welt zu sein? Kein Problem, mit deinem selbst gebastelten Muskelshirt und dem großen Gewicht (das wird im Sport auch Lang-hantel genannt) kannst du alle beeindrucken.

Muskelshirt

Und so wird's gemacht:

1 Leg dein Unterhemd auf das Wattevlies und übertrag die Umrisse der Hemdvorderseite auf die Watte. Von diesem Umriss ziehst du nun wieder ein paar Zentimeter ab: Ist das Vlies 2 cm dick, dann musst du einen 2 cm breiten Rand von dem markierten Hemdumriss auf dem Vlies abziehen.

2 Schneide als Nächstes vorsichtig die Watte ent-lang des neuen Umrisses aus.

3 Dreh dein Unterhemd nun auf links und kleb die ausgeschnittene Watte auf die Vorderseite (liegt später dann innen).

4 Wenn der Stoffkleber getrocknet ist, drehst du das Unterhemd wieder richtig herum. Dann steppst du mit der dicken Stopfnadel und der Wolle einige Stellen auf der Vorderseite ab – so entstehen die Muskelpakete. Wenn du noch nicht so sicher mit der Nadel umgehen kannst, dann frag deine Eltern, ob sie dir bei diesem letzten Schritt helfen können.

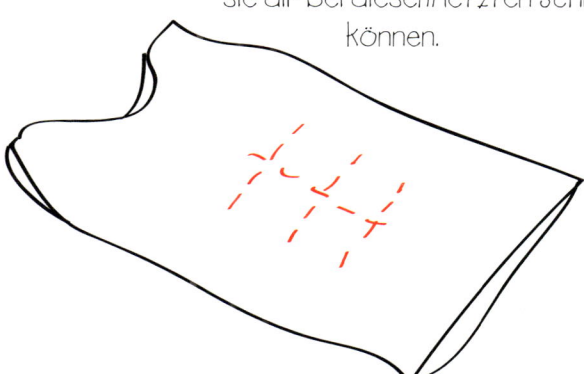

Langes Gewicht

Und so wird's gemacht:

1 Zuerst bläst du die beiden Luftballons gleich groß auf und verknotest jeweils die Ballonhälse. Achte darauf, dass du die Ballons nicht so weit aufbläst, dass sie gleich platzen, wenn du sie berührst. Sie sollten jeweils ungefähr so groß wie ein Handball sein.

2 Der nächste Schritt wird dir sicherlich viel Spaß machen: Rühr zuerst den Tapetenkleister nach den Herstellerangaben in einer Schüssel mit Wasser an. Dann nimmst du alte Zeitungen, zerreißt sie in kleine

Du brauchst:

- 6 oder 7 Toilettenpapierrollen (leer)
- alte Zeitungen
- 2 runde Luftballons
- breites Kreppklebeband
- Tapetenkleister
- Bastelfarben in Weiß, Schwarz
- Pinsel
- Schüssel mit Wasser

Schnipsel (ungefähr so groß wie ein Geldschein) und legst sie in den Kleister. Wenn sich das Papier mit Kleister vollgesogen hat, kannst du anfangen, die Ballons mit den Schnipseln zu bekleben. Leg immer ein Schnipsel leicht überlappend auf den nächsten, damit keine Lücken entstehen. Leg etwa zwei bis drei Schichten auf jeden Ballon und achte darauf, dass du die Bereiche um die Verschlussknoten herum frei lässt, sodass später das Verbindungsrohr hineingesteckt werden kann. Lass die Ballons etwa drei Tage trocknen. Okay, jetzt musst du warten, aber vielleicht bastelst du in dieser Zeit etwas anderes aus diesem Buch?

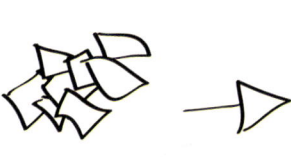 

3 Leg die Rollen nebeneinander in eine Reihe und kleb sie mit dem Kreppklebeband zusammen, sodass ein langes Rohr entsteht. Jetzt beklebst du das Rohr wie die Luftballons mit Zeitungspapierschnipseln und Kleister, und zwar so, dass keine graue Pappe mehr zu sehen ist. Leg zwei bis drei Schichten auf das Rohr und lass es etwa zwei Tage lang trocknen.

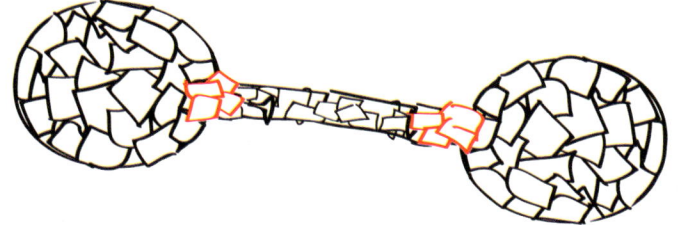

4 Wenn die Schnipsel auf den Ballons getrocknet sind, kannst du die Ballons mit einer Nadel platzen lassen – es gibt aber keinen lauten Knall. Die Ballons ziehen sich langsam in den entstandenen Hüllen, die du um die Luftballons herum geklebt hast, zusammen. Nimm die Ballonreste aus den kugeligen Hüllen heraus.

5 Nun verbindest du alle Einzelteile zu einer langen Hantel: Steck einfach die kugeligen Hüllen auf die Enden des langen Pappenrohrs und bekleb die Verbindungsstellen auch wieder mit Kleisterpapierschnipseln. Nun musst du wieder drei Tage warten, bis das Ganze getrocknet ist. Ja, bei diesem Modell brauchst du viel Geduld! Aber nun hast du wieder Zeit für eine neue tolle Idee aus dem Buch!

6 Wenn alles getrocknet ist, kannst du die Hantel mit schwarzer Farbe bemalen. Nicht sauer werden, aber jetzt muss die Farbe trocknen. Das dauert jedoch nicht so lange.

7 Zuletzt malst du mit einem dünnen Pinsel und weißer Farbe die Kilogrammzahl auf die schwarzen „Gewichte". Übertreib ruhig mit der Zahl, immerhin bist du mit dieser Hantel der stärkste Mensch der Welt – und keiner wird es wagen, dich als Lügner zu bezeichnen!

Superheld

Jetzt, wo alle beeindruckt sind von deinen Muskelpaketen, kannst du noch einen drauf-legen! Denn jetzt wirst du vom Muskelprotz im Handumdrehen zum unbesiegbaren Superhelden. Ich wette, wenn die Leute herausfinden, dass du nicht nur bärenstark bist, sondern auch Superkräfte hast, kommen sie aus dem Staunen gar nicht mehr heraus.

Und so wird's gemacht:

1 Zuerst brauchst du, wie jeder coole Superheld, eine Maske, damit dich die Ganoven nicht sofort erkennen. Hierfür überträgst du Vorlage 6 auf den roten Filz und Vorlage 7 (Blitz) auf den gelben, schnei-dest alles aus und klebst die Teile zusammen – so wie du es auf dem Foto siehst. Befestige noch ein Gummi-band an der Maske (siehe Markierungen für Löcher auf der Vorlage), damit du sie aufsetzen kannst.

2 Natürlich hat jeder Superheld auch einen großen, weiten Umhang, der lässig im Wind weht. Für den Verschluss des Umhangs schneidest du nach Vorlage 7 noch einmal einen Blitz aus dem gelben Filz aus und klebst ihn auf eine Wäscheklammer. Dann legst du dir eine alte rote Decke oder ein Bettlaken über die Schulter und klemmst es mit der Klammer vorne am Hals zusammen.

3 Batman hat seine Fledermaus, Superman sein „S" auf der Brust und Spiderman eine Spinne auf seinem Anzug. Du bastelst dir jetzt ein eigenes Markenzeichen für dein Kostüm. Schneide dafür aus einem dickeren Pappstück ein Sechseck oder einen Kreis aus. Aus dem roten Filz kannst du dann zum Beispiel den Anfangs-buchstaben deines Namens oder ein anderes cooles Zeichen ausschneiden. Kleb nun den Buchstaben oder das Zeichen auf die Pappe.

4 Nun fertigst du dir aus dem roten Stoff noch einen 10 cm breiten Gürtel an, der dir um den Bauch passt und dann noch ungefähr 30 cm länger ist, damit du ihn nachher vernünftig zusammenknoten kannst. Leg das Pappstück auf die Mitte des Gürtels und näh beides mit Wolle und einer dicken Stopfnadel zusammen.

5 Wenn du jetzt noch ein Superheld von einem anderen Planeten sein möchtest, kannst du dir zusätzlich die Haare grün färben: Hierfür zerkleinerst du einfach grüne Kreide mit einem Stein, bis feines Pulver entstanden ist. Gib etwas Wasser zu dem Pulver und verteil die Masse mit einem Schwämmchen in deinen Haaren.

Die Verwandlung zum mächtigsten Superhelden des Universums ist vollendet. Und jetzt flieg los und rette die Welt vor dem Bösen!

Anleitung „Muskelshirt" siehe Seite 38

Du brauchst:

- alte Decke oder altes Bettlaken in Rot
- Stoffrest in Rot
- Wollrest
- Filz in Gelb, Rot
- Gummiband, 2 cm breit
- dünne Pappe
- Wäscheklammer
- Tafelkreide in Grün
- Bleistift
- Bastelkleber
- Stopfnadel
- Schere
- Schwämmchen

Vorlagen 6, 7, Seite 57

44

Tiermasken

In dir steckt die Kraft eines Löwen? Oder du bist so schlau wie ein Fuchs? Oder wärst du lieber eine kleine Maus? Jetzt kannst du so aussehen wie deine Lieblingstiere – mit einer coolen Maske, die du dir selbst bastelst.

Du brauchst:

- Filzplatten in verschiedenen Farben, 3 mm stark (für die Grundformen)
- Bastelfilz in verschiedene Farben
- Stoffkleber
- Gummiband
- Bleistift
- Schere oder Cutter

Vorlagen 8, 9, 10, Seiten 58–61

Und so wird's gemacht:

1 Kopier zuerst die Vorlage der Tiermaske, für die du dich entschieden hast, auf ein Blatt Papier und schneide die Einzelteile aus. Jetzt überträgst du die Umrisse der Grundform auf den dicken Filz. Der dicke Filz sorgt dafür, dass die Maske stabil bleibt. Alle anderen Vorlagen kannst du auf dünneren Filz übertragen.

2 Als Nächstes schneidest du alle Formen aus und klebst sie mit Stoffkleber in der richtigen Reihenfolge aufeinander (siehe Foto). Auch die Schlitze für die Augen schneidest du nun aus. Lass dir dabei von einem Erwachsenen helfen.

3 Für die Löwenmaske schneidest du aus den gelben und braunen Filzresten zusätzlich noch kleine Streifen zu und klebst sie von hinten an die Maske; so entsteht eine schöne Löwenmähne.

4 Zuletzt bohrst du mit der Schere noch vorsichtig kleine Löcher in die markierten Stellen (Grundformen), um ein Gummiband daran zu befestigen. Frag am besten deine Eltern, ob sie dir dabei helfen, denn sonst schneidest du dir vielleicht noch in die Finger.

5 Schnapp dir jetzt ein Stück Gummiband (Kopfumfang vorher ausmessen) und knote es an die beiden Löcher. Wenn dir die Maske irgendwann einmal zu eng wird, kannst du das Gummiband einfach austauschen.

Mutiger Pirat

Ahoi, ihr Landratten. Für alle, die es satt haben, immer nur an Land ihre Abenteuer zu erleben, kommt jetzt das richtige Outfit! Für alle tollkühnen Piraten unter euch!

Du brauchst:

- Fotokarton in Schwarz
- Krepppapier in Weiß, ca. 5 x 100 cm
- Buntstift in Weiß
- Bastelkleber
- Tesafilm
- Schere
- Tacker

Vorlage 11, Seite 57

Und so wird's gemacht:

1 Kopier dir die Vorlage für den Hut auf ein Blatt Papier, schneide die Form aus und übertrag sie zweimal auf den schwarzen Fotokarton. Anschließend schneidest du beide Formen aus.

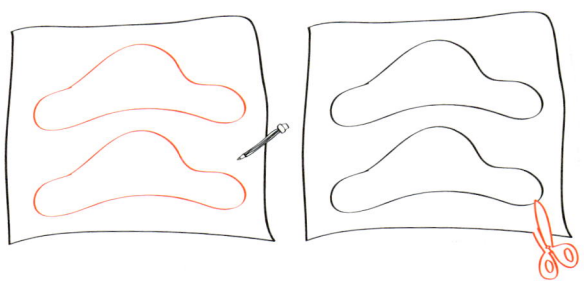

2 Schnapp dir das Krepppapier und kleb es hinter eine Hutform: Hierfür ziehst du zuerst mit Bastelkleber eine dünne Linie am oberen Rand des Fotokartons entlang. Das Krepppapier legst du etwas in Falten und fixierst es auf dem Kleber. Den unteren Teil des Krepppapiers befestigst du mit Tesafilm auf dem Fotokarton.

3 Nun kannst du mit dem weißen Buntstift einen Totenkopf auf die Vorderseite deines Piratenhuts malen. Damit siehst du noch furchterregender aus.

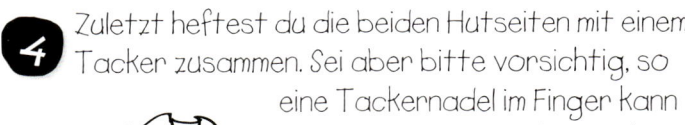

4 Zuletzt heftest du die beiden Hutseiten mit einem Tacker zusammen. Sei aber bitte vorsichtig, so eine Tackernadel im Finger kann ganz schön wehtun.

TiPP: Zieh dir ein schwarzes T-Shirt an, mal dir mit einem Kajalstift noch einen Bart ins Gesicht und binde dir ein rot-weiß kariertes Tuch um. Und jetzt Leinen los und in See stechen, Pirat! Auf zum ersten Beutezug!

Kinderschminke

Du möchtest dich schminken wie ein mutiger Indianer? Hier ist ein Rezept, mit dem du ganz viel Schminke in ganz vielen Farben einfach selbst herstellen kannst.

Du brauchst:

- Glasgefäß (z. B. leeres Honigglas)
- Fettcreme
- Lebensmittelfarbe
- Schwamm und Pinsel
- Teelöffel

Und so wird's gemacht:

1 Gib zuerst einen Teelöffel Fettcreme in ein kleines, leeres Glasgefäß.

2 Stell das Glas (ohne den Deckel!) in die Mikrowelle und schalte sie für 20 Sekunden auf höchster Stufe ein. Dadurch wird die Creme weicher, und du kannst die Farbe leichter einrühren.

3 Als Nächstes gibst du die Lebensmittelfarbe tröpfchenweise in die weiche Creme und rührst gleichmäßig um. Tropf so lange Lebensmittelfarbe hinzu, bis die Farbe den Ton bekommen hat, den du für deine Verkleidung brauchst. Übrigens: Du kannst auch Farben mischen.

4 Zum Schluss schneidest du dir einen Schwamm etwas kleiner, damit du ihn in das Schminkglas tunken und als breiten Pinsel verwenden kannst. So kannst du dir dein ganzes Gesicht, z. B. wie bei dem Hai, ganz schnell schminken. Möchtest du die Schminke hingegen lieber fein auftragen – wie bei dem Indianer – kannst du einen Pinsel verwenden.

Glitzertattoos

Wer kennt sie nicht, die Abziehtattoos aus den verschiedenen Magazinen. Doch meistens sind sie nur schwarz, und oft ist auch nicht das Motiv dabei, das du am coolsten findest. Vergiss diese langweiligen Abziehbilder. Mach dir einfach deine eigenen bunten Glitzertattoos.

Du brauchst:

- Vaseline
- Glitzerpulver in verschiedenen Farben
- Haarspray
- 2 Pinsel

Und so wird's gemacht:

1 Nimm einen Pinsel, tauch ihn in die Vaseline und mal dein Lieblingsmotiv auf die gewünschte Körperstelle. Falls du Hilfe brauchst, frag doch einfach deine Eltern oder Freunde.

2 Streu jetzt Glitzerpulver in deiner Lieblingsfarbe auf die Vaseline. Du kannst auch mehrere Farben daraufstreuen, dann gibt es später einen noch cooleren Effekt.

3 Nimm den zweiten Pinsel und entferne damit den Glitzer, der neben das Motiv gefallen ist.

4 Zum Schluss besprühst du dein Tattoo noch kurz ein- oder zweimal mit Haarspray. Fertig!

49

Schminkspiegel

Wer schon so viele Kostüme gebastelt hat wie du – oder noch basteln wird –, der braucht natürlich auch einen beleuchteten Garderobenspiegel, so wie Schauspieler und Stars sie haben. Du kannst dir ganz einfach einen prächtigen Spiegel selbst basteln. Es ist kinderleicht.

Du brauchst:

- Kartondeckel, stabil, ca. 30 x 30 x 50 cm
- Tapetenrest oder Geschenkpapier
- Spiegel, ca. 20 x 20 cm
- 6 Alu-Teelichterhüllen
- Lichterkette mit 10 Lämpchen
- Bleistift
- Bastelkleber
- Tesafilm
- doppelseitiges Klebeband
- Schere
- stabile Unterlage (um Löcher zu bohren)

Und so wird's gemacht:

1 Zuerst beklebst du den Kartondeckel mit buntem Papier. Bestimmt findest du bei euch zu Hause schönes Geschenkpapier oder Tapetenreste.

2 Als Nächstes legst du den Spiegel und die Teelichterhüllen auf die beklebte Seite und zeichnest die Umrisse mit einem dünnen Bleistift auf.

3 Nun klebst du die Teelichterhüllen an die markierten Stellen. Nimm dir dann die Schere und bohr vorsichtig ein kleines Loch mittig durch jede Aluhülle und den darunterliegenden Karton. Das Loch muss jeweils so groß sein, dass ein Lämpchen der Lichterkette später hindurchpasst. Sei dabei aber sehr vorsichtig! Leg dir eine stabile Unterlage oder einen Stapel Zeitungen unter die Stelle, an der du bohrst, damit du nicht den Tisch zerkratzt. Du kannst auch deine Eltern kurz fragen, ob sie dir helfen.

4 Steck jetzt von hinten jeweils ein Lämpchen der Lichterkette durch ein Loch und kleb die Kabel hinten am Kartondeckel mit Tesafilm fest. Auf der Vorderseite befestigst du dann den Spiegel mit doppelseitigem Klebeband an der markierten Stelle.

5 Bitte deine Eltern, dass sie dir den Schminkspiegel mit zwei Nägeln an der Wand befestigen. Achte darauf, dass in der Nähe eine Steckdose ist, damit du die Lichterkette einschalten kannst.

Licht an, Schminkdosen auf – und aus dir wird ein echter Verkleidungskünstler!

Eintrittskarte

Du lädst deine Freundinnen und Freunde zu einer exklusiven Theateraufführung ein. Natürlich dürfen da nur ausge-wählte Gäste erscheinen. Damit die Gäste sich auch wie richtig wichtige Prominente fühlen, bekommen sie von dir vor der Vorstellung ihre besonderen Eintrittskarten.

Du brauchst:

- Papier
- weiche, stabile Unterlage, z. B. aus Moosgummi
- Gabel

Und so wird's gemacht:

1 Zuerst bastelst du dir – so wie auf dem Foto zu sehen – ein paar Eintrittskarten und beschriftest sie anschließend. Wann und wo wird deine Vorstellung stattfinden?

2 Als Nächstes legst du die Eintrittskarten auf eine Moosgummiplatte. Schnapp dir jetzt die Gabel und stich jeweils entlang der gestrichelten Linie oberhalb des Wortes „ENTWERTET" Löcher in das Papier. So kannst du nachher, wenn die Gäste kommen und die Eintrittskarten vorzeigen, den unteren Teil ganz leicht abtrennen.

Wenn es zu viel Arbeit für dich ist, jede Eintrittskarte einzeln abzureißen, stell doch einfach deine Eltern als Türsteher ein, damit du dich in Ruhe um die Gäste kümmern kannst.

TiPP: Wer mag, kann die Eintrittskarten auch direkt auf einem Farbkopierer ausdrucken. Eine Vorlage (jeweils 4 Stück auf einem DIN-A4-Blatt) findest du unter www.christophorus-verlag.de/de/unsere-buecher/service-download-zu-den-buechern.html.

Rollenspielplan

Du hast nun schon ein paar Verkleidungen gebastelt und möchtest dir ein kleines Theaterstück ausdenken, in dem die einzelnen Figuren vorkommen? Super, denn mithilfe des Rollenspielplans geht das ganz leicht! Es macht großen Spaß, den Plan zusammen mit Freundinnen und Freunden auszufüllen!

Und so wird's gemacht:

Zuerst bastelst du dir einen Plan: Zeichne fünf Spalten auf ein DIN-A4-Blatt und setz in jede Spalte eine W-Frage als Überschrift: „Wer?", „Macht was?", „Mit wem?", „Warum?", „Wann?". Anschließend kannst du deinen Plan noch mit Buntstiften schön bemalen.

Wie füllt ihr den Plan aus?

1 Ihr startet mit der ersten Spalte „Wer?". Hier kann die Person, die anfängt, eine Figur eintragen, um die es im Rollenspiel nachher gehen soll, zum Beispiel: schöne Prinzessin, gefährlicher Hai, mutiger Pirat. Danach faltet sie die Spalte um, sodass niemand sieht, was gerade geschrieben worden ist.

2 Der Nächste ist jetzt an der Reihe, sich etwas auszudenken, und zwar was die Figur, die in der ersten Spalte genannt ist, machen soll, zum Beispiel bellen oder auf einem Bein tanzen. Bevor der Zettel weitergegeben wird, sollte auch diese Spalte umgeknickt werden.

3 Auf diese Weise wird der Plan immer an die nächste Person weitergegeben, bis alle Spalten ausgefüllt sind. Zum Schluss faltet ihr den Plan wieder auf und lest laut vor, was daraufsteht. Nun könnt ihr besprechen, wer welche Figur spielen soll – und schon kann es losgehen.

TiPP: Wer mag, kann den Rollenspielplan auch direkt auf einem Farbkopierer ausdrucken. Eine Vorlage findest du unter www.christophorus-verlag.de/de/unsere-buecher/service-download-zu-den-buechern.html.

Rollenspiel-würfel

Du brauchst:

- Tonkarton, gemustert, DIN A4
- Tonkarton in Weiß
- Bleistift
- Bastelkleber
- Schere
- Vorlage 12, Seite 61

Du möchtest ein Theaterstück aufführen, das nicht nur super lustig ist, sondern den Zuschauer auch immer wieder aufs Neue erstaunt? Kein Problem, dafür gibt es ja den Rollenspielwürfel.

Und so wird's gemacht:

1 Übertrag den Zuschnitt für den Würfel (Vorlage 12) auf ein Blatt Papier, kleb ihn auf die Rückseite des gemusterten Tonkartons und schneide die Form aus.

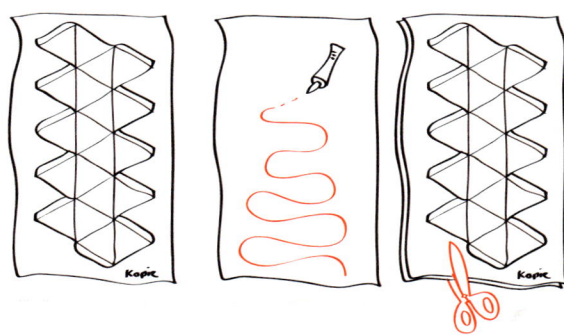

2 Danach faltest du den Zuschnitt entlang der gestrichelten Linien und klebst ihn an den markierten Stellen zusammen. Jetzt ist schon mal der Würfel fertig.

3 Als Nächstes suchst du dir ein 50-Cent-Stück aus deinem Sparschwein. Zeichne die Umrisse des 50-Cent-Stücks auf den weißen Tonkarton und schneide den Kreis aus. Schneide insgesamt 20 Kreise zu.

4 Nun ist deine Kreativität gefragt: Beschrifte jeden weißen Kreis mit einer Aktivität, die in deinem Theaterstück vorkommen soll, z. B. „LALA" (sing ein Lied), „Tanz" oder du malst einen Koalabär auf, was bedeutet: Beweg dich so wie ein Koalabär. Kleb auf jede Seite des Würfels einen Kreis. Fertig!

Du kannst jetzt ein Stück mit deinen Freunden proben und jede Minute einmal den Würfel werfen und die Aktivität, die oben auf dem Würfel steht, mit in das Stück einfließen lassen.

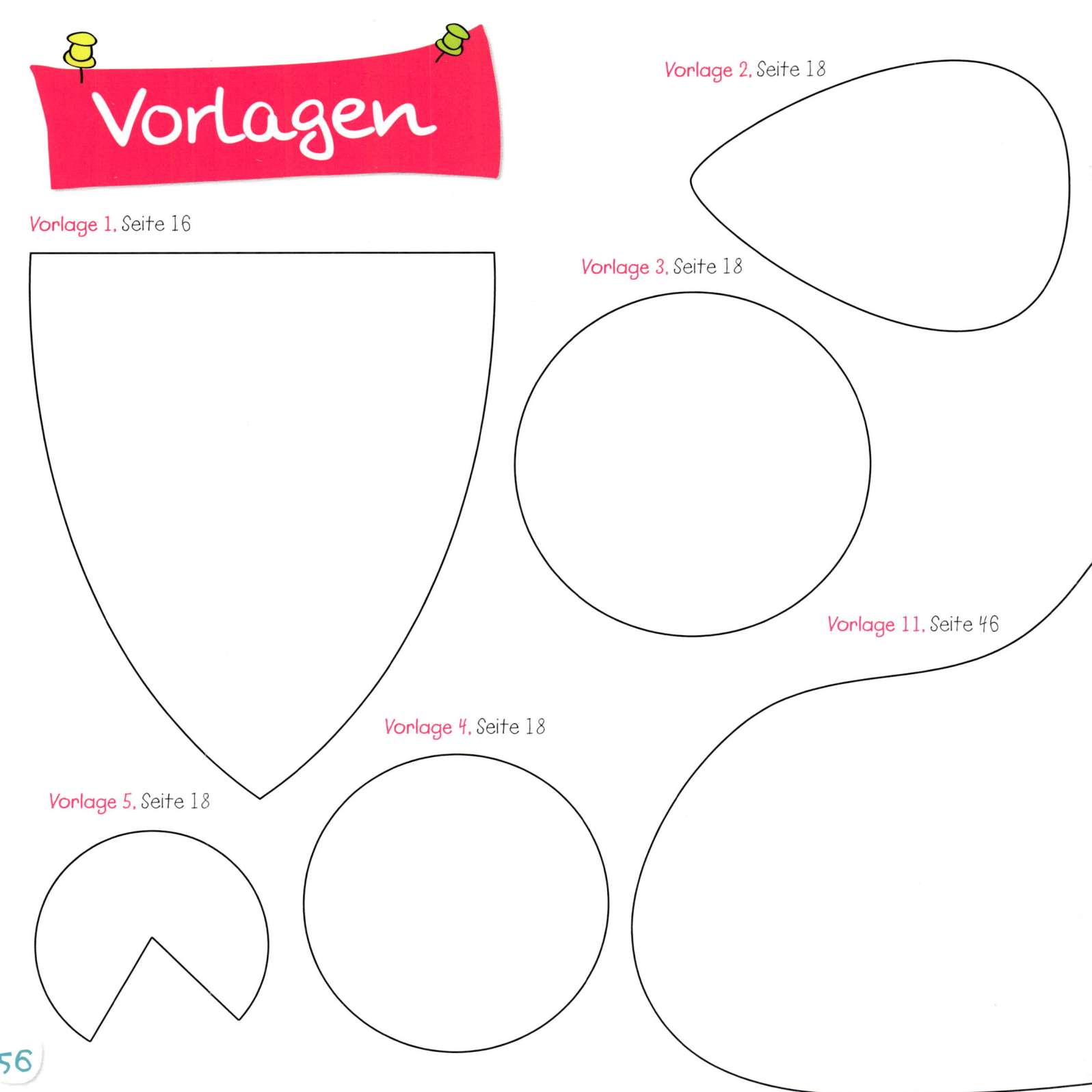

Vorlagen

Vorlage 2, Seite 18

Vorlage 1, Seite 16

Vorlage 3, Seite 18

Vorlage 11, Seite 46

Vorlage 4, Seite 18

Vorlage 5, Seite 18

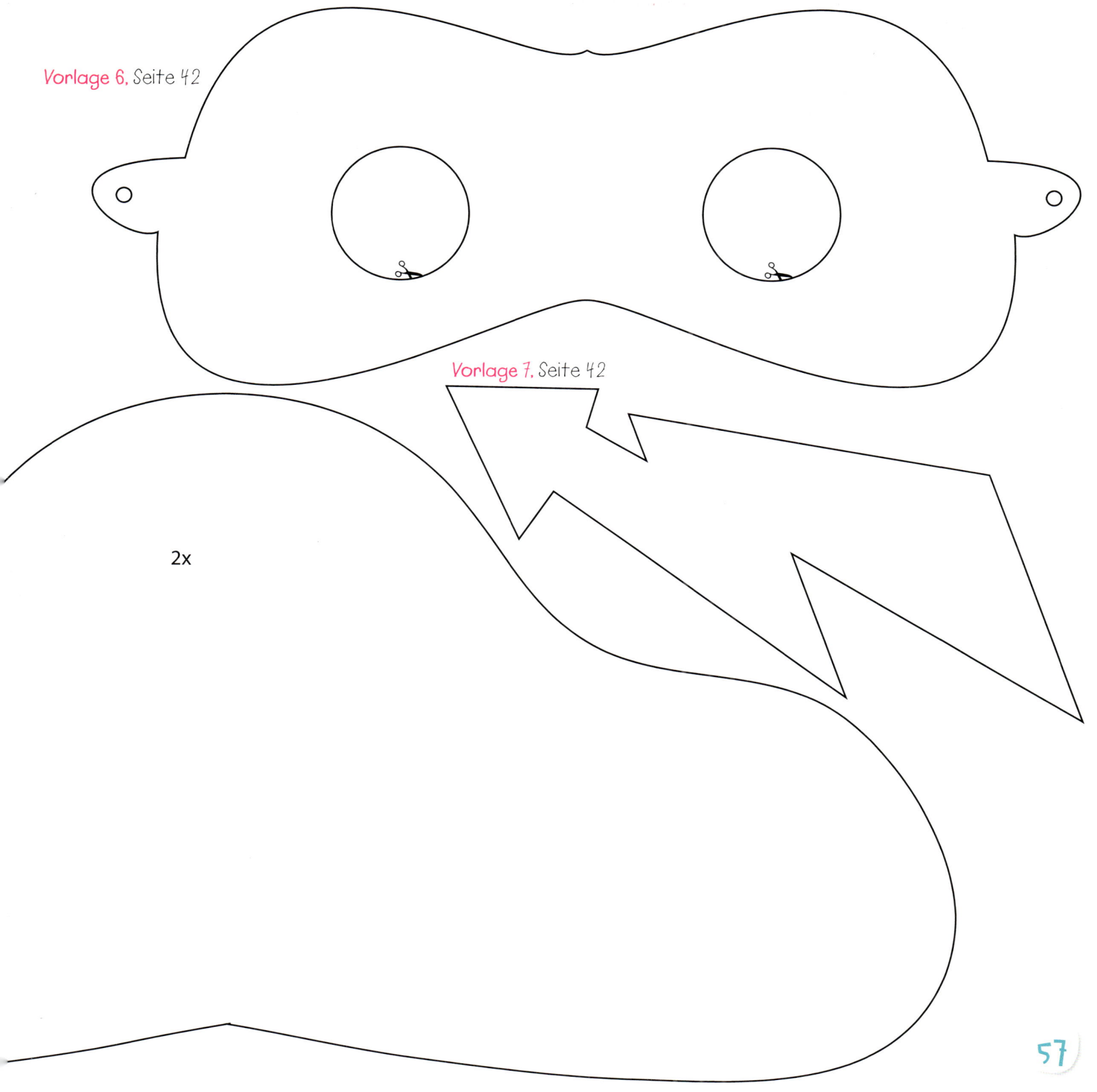

Vorlage 6, Seite 42

Vorlage 7, Seite 42

2x

57

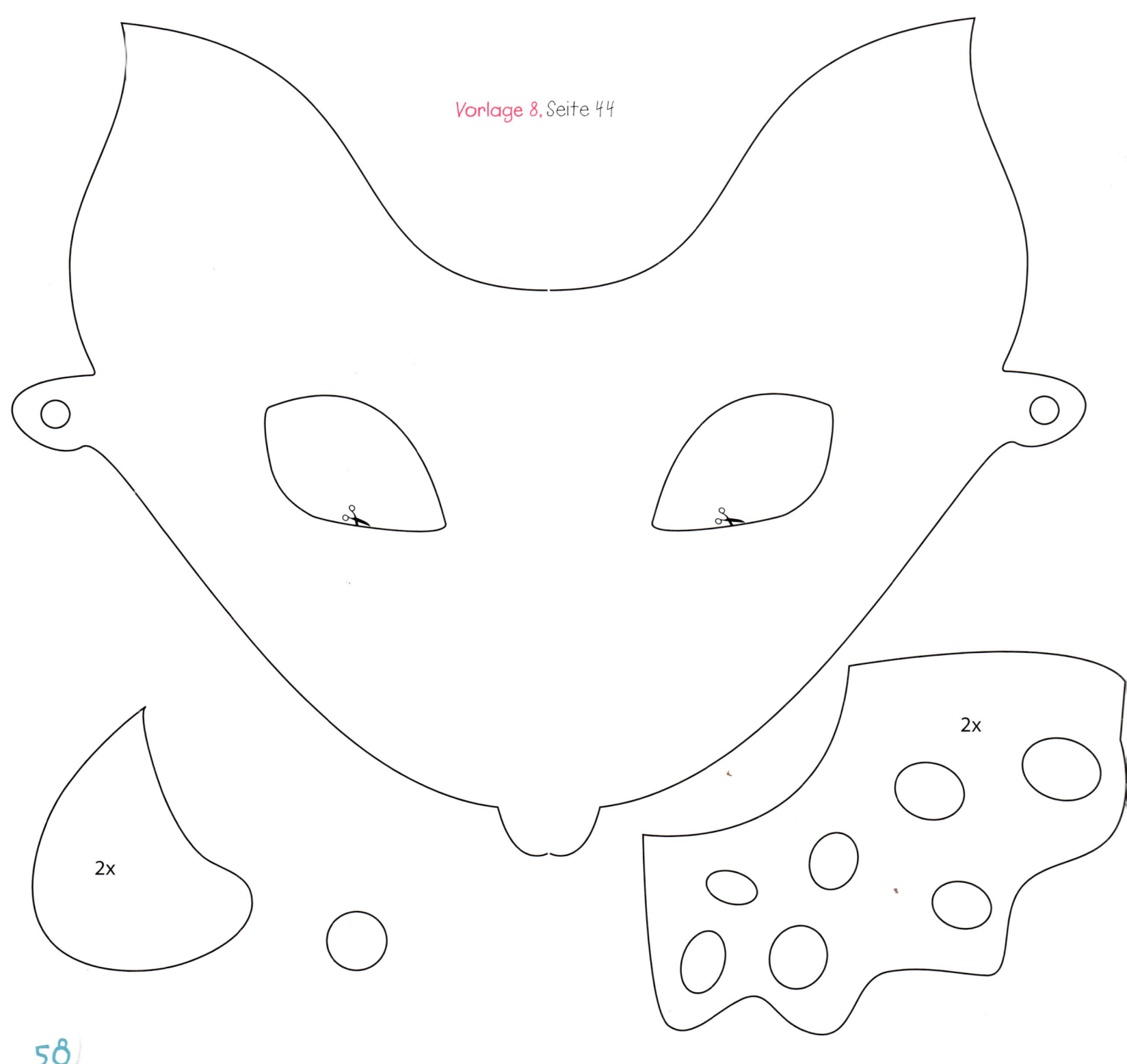

Vorlage 8, Seite 44

2x

2x

58

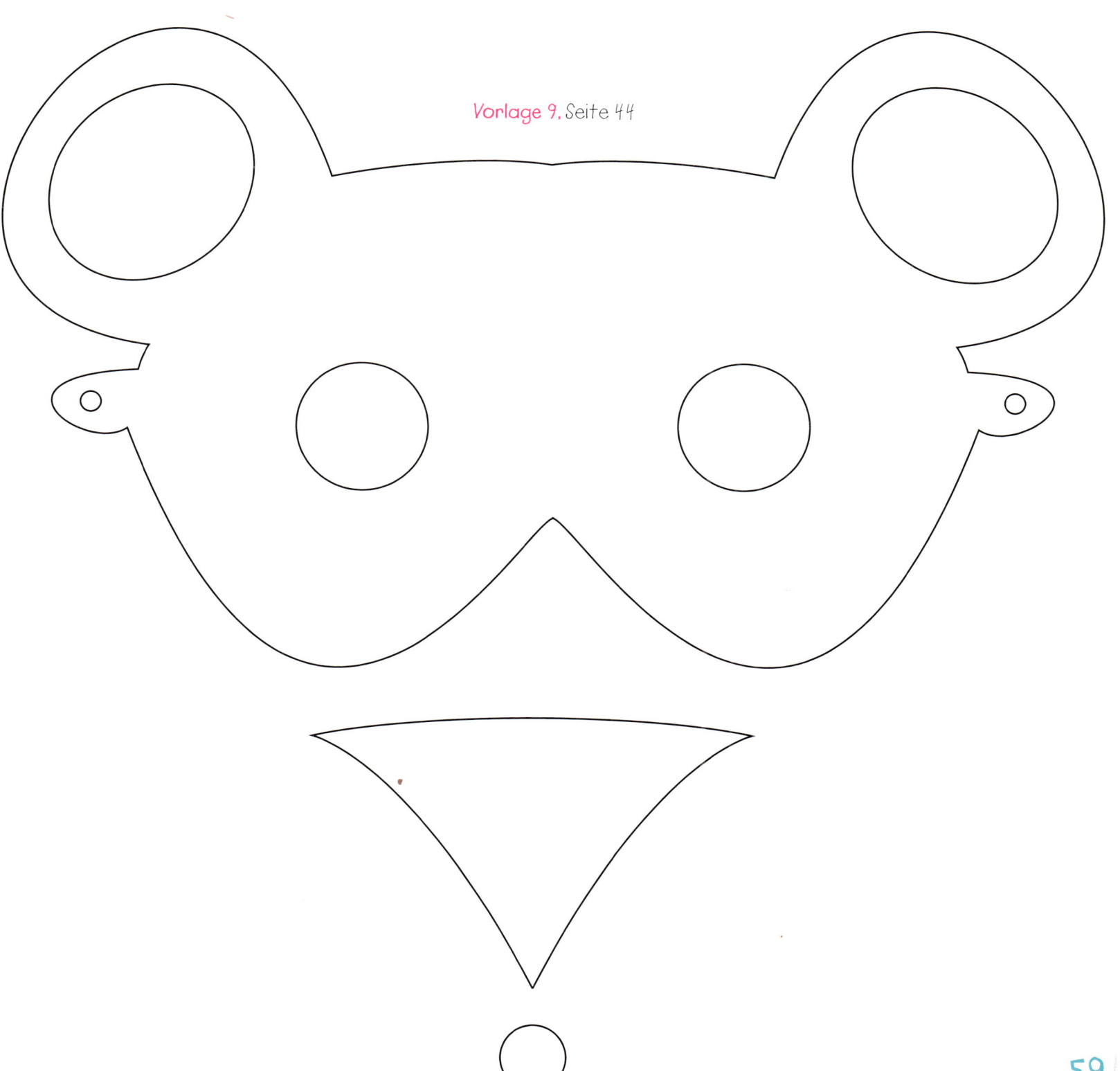

2x

2x

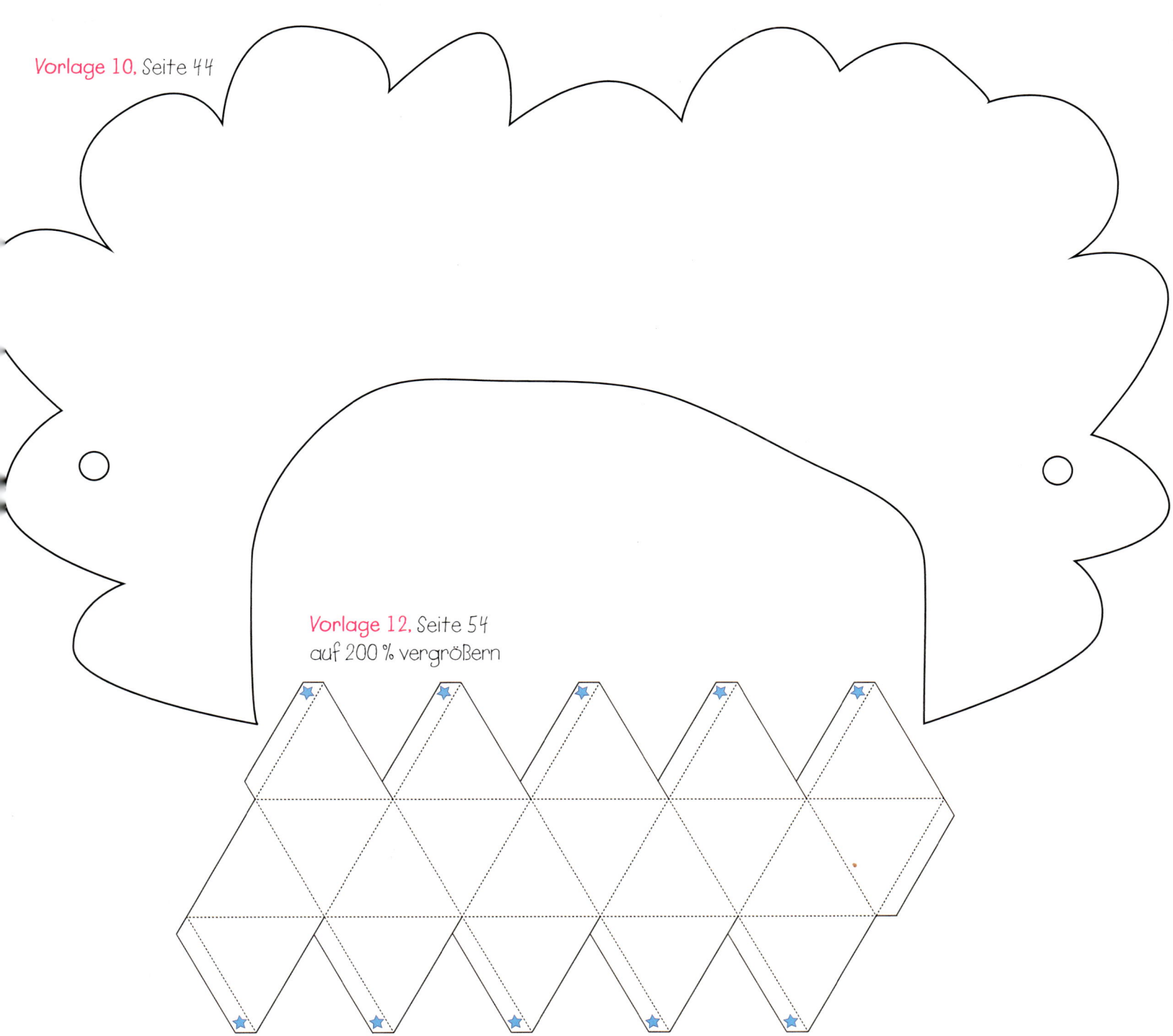

Vorlage 10, Seite 44

Vorlage 12, Seite 54
auf 200 % vergrößern

Auf unserer Website www.christophorus-verlag.de/de/unsere-buecher/service-download-zu-den-buechern.html findest du die hier verkleinert dargestellte Vorlage in Originalgröße zum Ausdrucken.

Impressum

© 2014 Christophorus Verlag GmbH & Co. KG, Freiburg

Alle Rechte vorbehalten

ISBN 978-3-8388-3518-1
Art.-Nr. CV3518

Lektorat: Gisa Windhüfel, Freiburg
Fotos: Jessica Stuckstätte, Hamburg
Zeichnungen: Jessica Stuckstätte, Hamburg
Layout, Satz & Covergestaltung: GrafikwerkFreiburg
Reproduktion: Meyle + Müller GmbH & Co. KG, Pforzheim
Druck & Verarbeitung: Gruppo Editoriale Zanardi SRL, Italy

Einen großen Dank an die tollen Firmen, die das Verkleidungsprojekt mit ihren Produkten unterstützt haben:
car-Selbstbaumöbel, Tom Küstermann e. K. (Möbel)
Nostalgie im Kinderzimmer GmbH (Requisiten)
Rayher Hobby GmbH (Bastelmaterial)
Rico GmbH (Bastelmaterial)
Stoffe Brünink & Hemmers GmbH (Stoffe)

☎ Kreativ-Service

Sie haben Fragen zu den Büchern und Materialien? Frau Erika Noll ist für Sie da und berät Sie rund um alle Kreativthemen. Rufen Sie an! Wir interessieren uns auch für Ihre eigenen Ideen und Anregungen. Sie erreichen Frau Noll per E-Mail: mail@kreativ-service.info oder Tel.: +49 (0) 5052 / 91 18 58 Montag bis Donnerstag: 9–17 Uhr / Freitag: 9–13 Uhr

Besuchen Sie uns im Internet: www.christophorus-verlag.de